JUGES CONSULAIRES

JUGES RAPPORTEURS — JUGES COMMISSAIRES

JUGES CONSULAIRES

JUGES RAPPORTEURS — JUGES COMMISSAIRES

Les travaux des Magistrats Consulaires doivent être envisagés au double point de vue des fonctions qu'ils exercent, soit comme Juges Rapporteurs, soit comme Juges Commissaires.

La fonction de Juge Rapporteur se rapporte aux affaires de l'audience ; celle de Juge Commissaire, aux opérations des faillites et des liquidations judiciaires dont les magistrats consulaires ont la surveillance.

JUGES RAPPORTEURS

AFFAIRES D'AUDIENCE

DES FONCTIONS DU JUGE RAPPORTEUR

Le Tribunal étant en séance, le Président désigne, au cours de l'audience, les Juges Rapporteurs dans chaque affaire mise en délibéré.

Le Juge Rapporteur désigné devra convoquer les parties, les entendre contradictoirement dans leurs explications, étudier l'affaire qui lui est soumise avec tous les éléments d'information mis à sa disposition, et proposer ensuite au Tribunal dans un rapport rédigé sous la forme d'un projet de jugement, œuvre personnelle du Juge Rapporteur, la solution à intervenir.

Cette solution sera discutée en la Chambre du conseil, dans un débat dirigé par le Président de la Chambre qui a ordonné la mise en délibéré, et la solution proposée ne deviendra définitive que si elle obtient l'approbation de la Section.

A la fin de chaque audience, le Juge Rapporteur reçoit son cahier d'audience, qui a été préparé par un employé du greffe et qui contient toutes les indications qui lui sont nécessaires pour la convocation des parties, qu'il devra entendre contradictoirement dans son cabinet. Ces indications sont les suivantes pour chaque affaire mise en délibéré : les noms des demandeurs et des défendeurs, leurs qualités et domiciles; la cote des agréés ou les noms et domiciles des mandataires, s'il s'en est présenté avec les pouvoirs des parties.

Au moyen de ces indications, le Juge Rapporteur doit, le soir même de l'audience ou, au plus tard, le lendemain, faire convoquer à la fois les parties, agréés et mandataires, à son cabinet, au Tribunal. Il devra, autant que possible, convoquer pour le troisième jour qui suivra l'audience. Il ne pourrait le faire plus tôt, faute d'avoir les exploits, sans lesquels il ne saurait utilement entendre les explications des plaideurs, et il convient qu'il n'attende pas plus tard, pour se réserver la possibilité de faire une seconde convocation avant la rédaction de son rapport, dans le cas où la première n'aurait pas eu un résultat suffisant, ou en cas d'absence de l'une des parties convoquées.

Exploits.

Le surlendemain de l'audience, le Juge Rapporteur recevra, par les soins du greffe, les exploits des affaires qui ont été, à l'audience de l'avant-veille, mises à son délibéré.

L'exploit est l'acte préparé par l'huissier poursuivant, qui, à la requête de la partie demanderesse, a signifié à la partie défenderesse les conclusions de sa demande et l'a assignée devant le Tribunal aux fins consignées en ledit exploit. Il peut y avoir plusieurs exploits pour la même affaire, soit qu'en cours d'instance la demande originaire ait été modifiée par des conclusions nouvelles, qu'elle ait été provisoirement retirée et reprise, soit que d'autres parties aient été introduites dans l'instance, ou que le défendeur, en recevant l'assignation, ait, à son tour, introduit une demande reconventionnelle qui est jointe à la demande principale.

En tout état de cause, l'exploit énonce l'objet de la demande, qui sera examinée d'abord par le Juge Rapporteur et ensuite par le Tribunal.

Concordance nécessaire de la solution avec les énonciations de l'exploit.

Le Juge Rapporteur doit rigoureusement rapporter la solution qu'il proposera à cette demande, telle qu'elle est formée, qu'il propose de l'accueillir ou de la repousser.

Il doit examiner tous les chefs de la demande pour statuer sur chacun d'eux, sans pouvoir jamais y ajouter et sans en omettre aucun.

S'il s'agit d'un exploit d'opposition à un jugement de défaut, la demande originaire n'y sera pas rappelée, mais le Juge trouvera dans le jugement de défaut, levé par le demandeur et dont il devra exiger la remise, si elle ne lui a été faite, la copie de l'exploit introductif d'instance.

Mentions ajoutées par le greffier et inscrites sur l'exploit.

Lorsque l'exploit est remis au Juge Rapporteur, il porte les mentions suivantes, qui ont été inscrites par le greffier d'audience :

Les noms des Juges composant l'audience, le nom du Juge Rapporteur souligné d'un trait;

La cote de l'agréé qui occupe pour le demandeur inscrite sur le verso, à gauche, ou l'indication de « P^{tio} », si la partie se présente elle-même ou par mandataire autre qu'un agréé :

Si le débat est contradictoire, l'exploit porte en travers du recto le résumé succinct des conclusions prises en défendant, avec la cote de l'agréé qui occupe en défendant ou l'indication de « P^{t} » (présent), si la partie a soutenu elle-même ses conclusions à la barre.

Le résumé des conclusions prises en défendant est inscrit sur l'exploit au moyen de formules abrégées dont l'explication détaillée sera donnée plus loin.

Si le débat n'est pas contradictoire, le greffier aura inscrit sur l'exploit la mention « déf^{t} et d'off. » (par défaut et d'office), « en délibéré ».

D'autres mentions, qui n'ont pas à retenir immédiatement l'attention du Juge Rapporteur, indiquent sur l'exploit le numéro de placement, la date des remises successives ou le renvoi devant arbitre, s'il aura été ordonné.

Examen sommaire de l'affaire par le Juge Rapporteur, avant la comparution des parties.

A l'aide de l'exploit qui lui donne le texte exact et complet des conclusions du demandeur, l'indication sommaire des moyens de défense opposés par le défendeur et une lecture rapide des dossiers qui lui auront été remis par les agréés ou les parties, le Juge Rapporteur doit se préparer au débat contradictoire qui aura lieu devant lui, dans son cabinet.

Cette étude sommaire et préparatoire de l'affaire mise à son rapport est indispensable au Juge Rapporteur, non pour former sa conviction, qui doit rester entière jusqu'à ce qu'il ait entendu les explications de l'une et l'autre des parties, mais pour lui permettre de diriger utilement le débat qu'il va présider et d'où ressortira la solution, objet du jugement qu'il proposera au Tribunal.

Pour retenir les indications qui lui serviront, à la fois, pendant le débat des parties, au cours de la rédaction de son rapport et au moment où il expliquera l'affaire dans la Chambre du conseil, le Juge Rapporteur devra relever les indications dont il vient d'être parlé, sur une feuille double qu'il conservera. *(Indications à relever et notes à prendre par le Juge Rapporteur.)*

Sur cette feuille, le Juge Rapporteur inscrira donc :

A gauche :

La cote de l'agréé, ou l'indication qu'il s'agit d'une affaire de partie.

L'objet de la demande, telle que cette demande est rapportée dans le dispositif de l'exploit.

A droite :

La cote de l'agréé, ou l'indication qu'il s'agit d'une affaire de partie.

L'indication des moyens de défense reproduits sur l'exploit, moyens de forme, d'exception ou de fond.

Après le débat qui aura eu lieu devant lui, le Juge Rapporteur ajoutera quelques notes succinctes destinées à fixer dans son esprit les points décisifs de ce débat qui seront développés dans le Jugement.

Quant à la rédaction de ce jugement, il appartient au Président de l'audience, qui sera toujours empressé de faire profiter les nouveaux Juges de sa section de ses lumières et de son expérience, de donner à ses collègues les conseils et les indications appropriés aux affaires qu'il aura mises à leur rapport. Nous nous bornerons à noter ici que le Juge Rapporteur doit examiner tout d'abord les moyens de forme, s'il en est opposé, ensuite ceux d'exception, s'il y a lieu, et n'aborder le fond du débat que si les moyens de forme ou d'exception sont repoussés. Ainsi, par exemple, si le défendeur oppose à la fois : *(Rédaction du jugement. Examen des moyens de défense : Forme. Exception. Fond. Dispositions séparées.)*

La nullité de la procédure;

Le renvoi pour cause d'incompétence domicile et non recevable au fond.

Le Tribunal n'examinera la question de compétence que s'il reconnaît que le défendeur a été valablement assigné, et il n'examinera la défense au fond qu'après s'être déclaré compétent et s'il retient la cause.

Si le Tribunal repousse la demande en accueillant un moyen de forme ou d'exception, il déclare cette demande « non recevable », et s'il la repousse après l'avoir examinée au fond, il la déclare « mal fondée ».

Qu'il s'agisse d'examiner la forme ou le fond, le Juge Rapporteur devra toujours faire parler la partie qui succombe, rapporter les arguments de cette partie pour les détruire, déduire d'une façon nette et précise, des principes qu'il rappellera ou des faits qu'il établira, la conclusion qui s'impose et qui aura sa forme définitive dans le dispositif du Jugement. Quant à l'argumentation, dont le dispositif n'est que la conclusion, elle devra toujours être claire, suffisante, sans cesser d'être sobre et dépouillée de tout raisonnement inutile à la solution proposée.

Le Jugement doit répondre à tous les chefs de demande et à tous les moyens de défense.

Ainsi qu'il a été dit plus haut, le jugement ne doit laisser aucun chef de la demande sans y répondre et ne doit rien ajouter à la demande ou à la défense. Dans un seul cas, le Juge Rapporteur doit suppléer à l'insuffisance de la défense, c'est lorsqu'il s'agit de l'incompétence « matière ». En effet, les Tribunaux de commerce étant une juridiction d'exception, il ne peut leur appartenir de retenir et de juger des causes qui ne rentrent pas dans l'exercice des fonctions qui leur sont dévolues.

Incompétence d'office.

Quand il s'agit donc d'une incompétence « matière », le Juge Rapporteur devra toujours proposer au Tribunal de se déclarer, même d'office, incompétent, si le défendeur a omis de soulever ce moyen, et les parties seraient-elles d'accord pour porter le débat devant la juridiction consulaire.

Délai pour la préparation du rapport du Juge rédigé sous la forme d'un projet du jugement.

Le Juge Rapporteur doit toujours, à moins d'empêchement justifié, préparer son rapport au projet de jugement dans l'intervalle de quinzaine qui sépare les audiences auxquelles il appartient, de façon à pouvoir en délibérer dans la Chambre du conseil, la veille de la prochaine audience où il siégera de nouveau; il appartient au Président de la Chambre d'apprécier les motifs de remise d'une quinzaine à l'autre dans le prononcé des Jugements.

Examen d'une demande en déclaration de faillite.

Quand le Juge Rapporteur est saisi d'une assignation en déclaration de faillite ou d'une requête aux mêmes fins, il doit, avant de proposer au Tribunal d'accueillir la demande, obtenir la justification certaine :

1° De la commercialité du défendeur;
2° De l'état de cessation de ses payements.

Commercialité.

La commercialité est une situation de fait, qui doit être matériellement établie et ne saurait être basée sur une présomption. Ainsi, l'inscription au registre des patentes, l'achat d'un fonds de commerce qui n'est pas accompagné d'une vente de marchandises, ne sont pas des preuves suffisantes, si elles restent isolées. En effet, le défendeur peut avoir requis son inscription et demandé la délivrance d'une patente en vue d'un commerce qu'il n'aura pas entrepris, et l'achat d'un fonds de commerce dont il n'aura pas pris possession pourra ne pas suffire à lui conférer la qualité de commerçant.

De même, en l'absence de patente et d'établissement commercial, le défendeur pourra être considéré comme commerçant et déclaré en état de faillite, s'il est établi qu'il s'est livré habituellement à des actes de commerce.

Certains actes sont commerciaux par eux-mêmes, d'autres ne le sont qu'en raison de la qualité des parties.

Les premiers sont ceux qui sont accomplis dans une pensée de spéculation, en vue de la réalisation d'un bénéfice; les seconds ne sont commerciaux que s'ils sont accomplis par des commerçants. L'appréciation plus complète des uns et des autres sera faite plus loin.

L'état de cessation de payements entraîne la cessation de la vie commerciale, c'est-à-dire qu'il ne suffit pas qu'un commerçant soit momentanément gêné pour qu'il en découle l'état de cessation de payements.

La preuve de l'état de cessation de payements pourra résulter d'une succession de protêts qui démontrera l'impossibilité pour le commerçant de remplir ses obligations, ou d'un acte extra-judiciaire qui établira pour le créancier l'impossibilité matérielle de recouvrer sur son débiteur le montant des condamnations qu'il aura obtenues contre lui.

L'état de cessation de payements pourra ressortir encore, même en dehors de toute poursuite, de la vente, par le débiteur, de son fonds de commerce, son seul actif, à un prix insuffisant pour désintéresser ses créanciers, ou à un prix suffisant mais payable à long terme, si son passif est échu et exigible.

Le Tribunal peut dans des cas particuliers, et notamment si la déconfiture est notoire et si les intérêts des tiers sont en péril, déclarer la faillite d'un commerçant, soit d'office, en raison de la situation qui lui est révélée et qu'il constate, après enquête, soit sur l'avis du parquet.

Par contre, le Tribunal ne déclare pas d'office un commerçant en état de liquidation judiciaire. Le jugement de liquidation judiciaire n'intervient jamais à la demande ou sur la requête des tiers; il ne peut être prononcé qu'à la requête du commerçant lui-même, qui demande à bénéficier des dispositions de la Loi du 4 mars 1889 et qui a déposé son bilan au greffe du Tribunal à cette fin, ou à la demande de ses héritiers dans le mois du décès, s'ils justifient de leur acceptation, soit simple, soit bénéficiaire.

Si le Tribunal, après avoir entendu les explications du débiteur en la Chambre du conseil, ne se croit pas suffisamment informé, il ordonne qu'il en sera délibéré après instruction du Juge Rapporteur.

Cette mise en délibéré est en tout cas ordonnée en cas de poursuites en déclaration de faillite contre le commerçant qui sollicite le bénéfice de la liquidation judiciaire.

Le Juge Rapporteur doit alors rechercher si le commerçant se trouve bien dans la situation prévue par la loi pour obtenir la liquidation judiciaire, ou si, au contraire, sa situation ne comporte pas plutôt l'état de faillite, si notamment il n'est pas en état effectif de cessation de payements depuis plus de quinze jours et si les circonstances qui ont accompagné la cessation de ses payements sont de nature à empêcher sa requête d'être accueillie.

Le même examen sera fait par le Juge chargé du rapport sur une demande de conversion d'une liquidation judiciaire en faillite. Il devra alors rechercher les origines de la déclaration de liquidation judiciaire pour décider si cet état doit, ou non, être maintenu.

Si le Juge Rapporteur est saisi d'une demande en déclaration de faillite contre une personne décédée, il doit non seulement s'assurer de la commercialité du débiteur, mais exiger la preuve de l'état de cessation de payements, non au jour de la demande, mais à la date du décès, et n'examiner cette demande au fond que si elle a été formée dans l'année qui a suivi le décès du débiteur.

Cessation de payements.

Déclaration de faillite d'office.

Déclaration de liquidation judiciaire.

Instruction préalable confiée à un Juge Rapporteur.

Conversion de liquidation judiciaire en faillite.

Demande en déclaration de faillite contre un débiteur décédé.

Nomination du Syndic ou du liquidateur judiciaire provisoire.

Soit qu'il s'agisse d'une déclaration de faillite ou de liquidation judiciaire, le Juge Rapporteur propose au Tribunal la nomination du Syndic, ou du liquidateur judiciaire provisoire, qu'il a choisi sur une liste qui lui est remise mensuellement.

Instruction de l'affaire.

Quel que soit l'objet de son rapport, le Juge ne doit négliger aucun moyen d'information, soit lors du débat contradictoire qui a lieu devant lui, soit au cours de l'étude des dossiers qui lui ont été remis. Il ne doit omettre la lecture d'aucune pièce des dossiers, car il ne saurait, d'avance, préjuger de ce qui décidera sa conviction.

Dépens de l'instance.

Le Juge Rapporteur proposera généralement au Tribunal de condamner aux dépens la partie qui succombe. Il est cependant des cas où il y aura lieu de faire masse des dépens pour les faire supporter par l'une et l'autre parties, soit lorsque certains chefs seulement de la demande auront été accueillis et les autres repoussés, soit lorsque la demande introduite étant accueillie en principe, le Tribunal la réduira considérablement en raison de son exagération manifeste.

Si des offres ont été faites et qu'elles soient déclarées suffisantes, le Juge Rapporteur proposera de condamner le défendeur aux dépens jusqu'au jour des offres et le demandeur au surplus des dépens, sauf ceux d'exécution si le défendeur la rendait nécessaire.

Si les offres sont déclarées insuffisantes et qu'il n'y ait lieu de s'y arrêter, le Juge Rapporteur proposera de condamner le défendeur en tous les dépens.

Ainsi, on peut dire d'une manière générale que les frais et dépens devront toujours rester à la charge de celle des deux parties, qui, par sa résistance, les aura rendus nécessaires.

Conciliation.

En dehors de la mise en délibéré immédiat, qui est en quelque sorte une invitation aux parties de chercher dans la conciliation, la solution de leur différend, il peut arriver que, au cours d'une comparution ordinaire dans le cabinet du Juge Rapporteur, ce dernier reconnaisse chez les parties une disposition à la conciliation.

Il doit encourager cette disposition tout en évitant d'influencer les parties. Il ne doit pas prendre part à la discussion du compromis, et surtout il doit s'abstenir de laisser paraître l'opinion qu'il s'est formée du litige en vue de la solution à intervenir, qui appartiendra au Tribunal seul.

Si la conciliation a eu lieu, le Juge Rapporteur se fera remettre par le demandeur une déclaration sur papier libre, sous forme de lettre ou autrement, mais constatant qu'il se désiste des conclusions de sa demande formée contre le sieur X... par exploit en date du.....

Dans ce cas, le Juge Rapporteur n'aura pas de rapport à faire, ni jugement à préparer, il se bornera à inscrire sur une fiche épinglée sur l'exploit :

« Affaire conciliée. »

Désistement.

En dehors de la conciliation, née d'une entente amiable entre les parties, il peut arriver que le demandeur renonce à l'instance ou à l'action qu'il a introduite, soit parce qu'il considère que sa demande est mal formée ou qu'elle est téméraire.

Si le défendeur est d'accord pour accepter cette renonciation, soit de l'instance seulement, soit de l'instance et de l'action, le Juge Rapporteur recevra le désistement du demandeur; si les parties ne sont pas d'accord, le Juge Rapporteur passera outre au désistement verbal de l'instance seule, et si le demandeur déclare se désister de l'instance et de l'action, il l'invitera à signifier ce désistement au défendeur.

Le Juge Rapporteur devra avoir un soin particulier des dossiers qui lui auront été remis, de façon qu'aucune pièce ne s'égare et ne passe d'un dossier dans l'autre. Ces dossiers, remis en ordre pour être restitués aux parties le jour du prononcé du jugement, ne devront être rendus qu'attachés, ceux d'agréés avec leur cote et ceux de parties avec leurs noms et adresses.

Dossiers.

Le Juge Rapporteur ne saurait espérer que la partie qui succombe sera satisfaite de la sentence qui repoussera ses prétentions ou la condamnera, mais il ne doit pas perdre de vue que cette partie devra trouver dans le jugement la démonstration du bien-fondé de la décision rendue, et la partie qui succombe doit retirer en tout cas de la lecture de ce jugement la conviction que son affaire a été étudiée avec compétence et maturité.

Démonstration du bien-fondé de la décision rendue.

La conscience du Juge Rapporteur est souvent troublée par la difficulté de concilier, dans la solution qu'il propose, les principes du droit avec ce qui lui apparaît comme devant être l'équité.

Solution en droit et en équité.

Il n'y a généralement, entre le droit et l'équité, qu'une apparence de contradiction que détruit une étude plus approfondie du litige. En effet, si l'application de la loi paraît quelquefois dure, il convient de ne pas oublier que ses prescriptions sont la sauvegarde des intérêts de tous, et, en aucun cas, il n'est permis d'enfreindre les prescriptions de la loi.

Certains actes sont commerciaux par eux-mêmes, d'autres ne le sont qu'en raison de la qualité des parties qui les ont accomplis.

Actes de commerce.

Les actes commerciaux par eux-mêmes, s'ils sont répétés, entraînent la qualité de commerçant pour leur auteur, les autres n'ont un caractère commercial qu'autant que leur auteur est commerçant.

Les actes commerciaux par eux-mêmes sont ceux qui sont accomplis dans une pensée de spéculation, en vue d'un bénéfice à réaliser : achat de marchandises, denrées ou valeurs mobilières destinées à être revendues, qu'elles soient ou non transformées;

Actes commerciaux par eux-mêmes.

Achat d'objets mobiliers pour en louer l'usage et en tirer profit;

Louage de service d'autrui et entreprise de travail à façon;

Contrat de transport; ce contrat tient à la fois du louage de choses et du louage de service;

Soins donnés à la chose d'autrui moyennant salaire, dans les conditions qui constituent une profession;

Courtage de commerce, de banque et d'assurances maritimes;

La commission en toutes marchandises qui sont dans le commerce;

Les opérations de bourse à terme, quand elles sont l'occupation habituelle de celui qui les fait;

Les opérations de banque et de change;

Les agences d'affaires;

La direction de Magasins généraux;

L'entreprise de construction et vente de navires et leurs accessoires;

L'affrètement, le nolisement, et l'emprunt à la grosse;

Les assurances maritimes;

Etc..... etc.....

Actes réputés commerciaux en raison de la qualité de celui qui les a accomplis. — Les actes de commerce ainsi qualifiés en raison de la personne et de la qualité de celui qui les a accomplis, sont ceux qui, ayant par eux-mêmes un caractère civil, sont devenus commerciaux parce qu'ils ont été faits pour les besoins du commerce de leur auteur.

De même, les actions nées de quasi-contrat [1], de délits ou quasi-délits [2], sont des actions commerciales, lorsqu'elles prennent leur source dans l'exercice du commerce des parties et tout au moins du défendeur.

L'obligation résultant d'un prêt est présumée commerciale, si ce prêt a été fait à un commerçant.

La caution a par elle-même un caractère civil. Elle peut néanmoins devenir commerciale, notamment en matière de lettres de change et lorsque le garant est intéressé dans l'opération, origine de l'obligation souscrite par le débiteur principal.

Défenses. Incompétence-matière. — Le Juge Rapporteur doit toujours proposer au Tribunal de se déclarer incompétent, même d'office, en raison de la matière, si le litige n'est pas né d'un acte de commerce intervenu entre les parties, ou à l'occasion de leur commerce, ou si l'action, commerciale ou non, en ce qui touche le demandeur, n'est pas commerciale à l'égard du défendeur;

Dans les contestations qui concernent les saisies-arrêts, saisies conservatoires ou exécutoires;

L'exécution des jugements des Tribunaux de commerce;

Les difficultés sur la taxation des frais d'instance au sujet des litiges portés devant le Tribunal, que ces frais soient ou non compris dans la condamnation.

Les Tribunaux de commerce sont compétents dans tout litige né directement de la faillite ou de la liquidation judiciaire.

Prescription. — Si la prescription est opposée par le défendeur, le Juge Rapporteur doit, pour l'accueillir ou la repousser, se reporter aux règles spéciales qui régissent ce moyen de défense.

La prescription se compte par jour; elle est acquise lorsque le dernier jour du terme est accompli.

On ne peut pas renoncer d'avance à la prescription, mais on peut renoncer à la prescription acquise.

La renonciation à la prescription peut être expresse ou tacite, mais elle

---

1. Le quasi-contrat est le contrat qui est né sans convention préalable entre les partie; il est la conséquence d'un fait volontaire, d'où il résulte un engagement quelconque personnel ou réciproque.

2. Le quasi-délit est le fait illicite qui, sans être punissable, cause à autrui un dommage qui exige une réparation.

doit résulter d'un acte ou d'un fait établi, qui suppose et entraîne l'abandon d'un droit acquis.

Pour renoncer à la prescription, il faut être maître de ses droits : le mineur, l'incapable, la femme mariée, ne peuvent renoncer à la prescription sans l'assistance de la personne qui seule a capacité pour rendre valable une aliénation de leurs droits.

Le Juge Rapporteur devra donc examiner si la prescription est valablement opposée, avant de rechercher si elle est ou non acquise.

La prescription peut être toujours opposée s'il n'y a été renoncé, et elle peut l'être par les ayants droit du débiteur ou par ses créanciers.

Elle peut être interrompue soit par une citation en justice, soit par la reconnaissance que le débiteur fait du droit de celui contre lequel il prescrivait.

Le temps requis pour prescrire varie avec la nature de la créance, et, à cet égard, le Juge Rapporteur devra se reporter aux articles 2260 à 2281 du Code civil.

Péremption.

La péremption est l'extinction d'une instance résultant de la discontinuation des poursuites pendant un certain laps de temps.

Le jugement par défaut, faute de comparaître, est périmé s'il n'est exécuté dans les six mois de sa date. Cette règle ne s'applique pas aux jugements par défaut, faute de conclure, qui ont un caractère définitif s'il n'y a été fait opposition dans la huitaine de leur signification.

En général, toute instance est éteinte par discontinuation des poursuites pendant trois ans. Ce délai est augmenté de six mois quand il y a demande en reprise d'instance.

Le défendeur seul peut invoquer la péremption; elle n'a pas lieu de plein droit, et doit être demandée devant le Tribunal qui est saisi de l'instance.

La péremption ne s'applique qu'à la procédure, ce qui la distingue de la prescription; elle n'éteint pas l'action elle-même et ne supprime pas les actes extrajudiciaires accomplis en dehors de l'instance périmée.

Dans tous les cas où la péremption n'aura pas été demandée en justice, la procédure commencée se périmera d'elle-même après trente années de la date du dernier acte de procédure.

Extranéité.

Dans le cas où le débat s'agite entre français et étranger, ou entre étrangers, le Juge Rapporteur pourra avoir à examiner les défenses en raison de l'extranéité, et il devra le faire avant tout examen au fond.

En principe, un Français peut actionner un étranger devant un Tribunal français, même si cet étranger n'a ni domicile, ni résidence en France, si le contrat a été exécuté en France, qu'il ait été conclu en France ou en pays étranger. Mais cette règle souffre exception dans le cas où des conventions diplomatiques assurent aux parties le droit de ne pouvoir être traduites que devant leurs Juges naturels.

Un étranger peut poursuivre un Français en France, conformément aux règles ordinaires de la compétence.

Les Tribunaux français sont compétents pour statuer dans des litiges entre étrangers, si le défendeur est domicilié en France ou si l'engagement a été pris et devait être exécuté en France, la compétence matière étant en tout cas établie.

Opposition à un jugement de défaut.

Dans le cas où le Juge Rapporteur est saisi d'une opposition à un jugement de défaut, il doit tout d'abord examiner si cette opposition est recevable.

Le jugement de défaut peut se rapporter à deux hypothèses :

Défaut faute de comparaître.

1° Le défendeur ne comparaît pas, ni personne pour lui : c'est le jugement de défaut faute de comparaître, et l'opposition est recevable jusqu'à l'exécution, qui doit avoir lieu dans les six mois;

Défaut faute de conclure.

2° Le défendeur a comparu ou s'est fait représenter, mais il n'a opposé qu'un moyen de forme ou d'exception et pas de défense au fond : c'est le jugement par défaut faute de conclure, et l'opposition n'est recevable que si elle est formée dans la huitaine de la signification du jugement.

Opposition à un jugement de faillite.

L'opposition à un jugement déclaratif de faillite de la part du failli doit être formée dans la huitaine et de la part de toute autre partie intéressée dans le délai d'un mois du jour de la publication.

Conclusions en défendant : 1° motivées et signifiées; 2° motivées et déposées; 3° orales à la barre.

Les conclusions des parties, en défendant, sont signifiées par ministère d'huissier au demandeur, ou développées dans une défense écrite déposée à l'audience, ou produites oralement à la barre du Tribunal, au moment de l'appel de la cause.

Dans les deux premiers cas, elles sont jointes à l'exploit, et le Juge Rapporteur les reçoit du greffe en même temps que l'exploit d'assignation.

Dans le troisième cas, ces conclusions sont consignées par le greffier d'audience sur l'exploit d'assignation, mais sommairement et d'une façon abréviative, qui serait inintelligible pour les nouveaux Juges, sans une explication préalable.

Mentions inscrites par le greffier sur les exploits pour constater les conclusions prises par les parties en défendant et formulées oralement à la barre.

Voici quelles sont ces mentions inscrites sur l'exploit par le greffier, au cours de l'audience, et qui rappellent sur l'exploit les moyens de défense opposés par les parties et la décision du Tribunal.

Si c'est un agréé qui occupe pour le défendeur, la défense est précédée de la cote de l'agréé (deux lettres initiales); si la partie se présente elle-même, cette défense est précédée de la mention de : Pᵗ (présent).

Déf. et d'off. en délibéré.

Le défendeur ne s'étant pas présenté, ni personne pour lui, le Tribunal donne contre lui défaut et pour le profit ordonne qu'il en sera délibéré.

Dans le jugement de défaut prononcé à l'audience, le Tribunal adjuge au demandeur les conclusions de sa demande, mais il indique dans son jugement que ces conclusions ont été vérifiées et paraissent justes.

Le Tribunal peut toujours, avant le prononcé de son jugement, ordonner que l'affaire qui lui est soumise sera mise en délibéré, nonobstant la non-comparution du défendeur; il peut toujours motiver un jugement par défaut; mais ce jugement, précédé ou non d'un rapport du Juge, soumis au délibéré du Tribunal, conservera le caractère d'un jugement par défaut, et le défendeur pourra y former opposition dans les formes ordinaires.

Avant et d'off. en délibéré.

Le Tribunal, avant d'adjuger le défaut précédemment prononcé contre le défendeur défaillant, ordonne d'office qu'il en sera délibéré.

C'est la mesure toujours adoptée, notamment avant qu'il soit statué sur une assignation en déclaration de faillite.

Le défendeur présent ou représenté demande la remise, sous toutes réserves, au sujet des moyens de défense qu'il pourra ultérieurement présenter. — **Strlarse.**

Si, sur une demande en remise de cause, le Tribunal refuse la remise sollicitée, il prononce un jugement de défaut, sans avoir égard à la demande de remise. C'est ce que l'on appelle par abréviation : « défaut sans égard. » — **Défaut s/égard.**

Le défendeur oppose l'incompétence du Tribunal d'une façon générale et absolue. — **Le renvoi.**

Le défendeur oppose l'incompétence à raison du domicile. — **Le renvoi dom.**

Le défendeur oppose l'incompétence à raison de la personne. — **Le renvoi pers.**

Le défendeur oppose l'incompétence à raison de la matière. — **Le renvoi mat.**

Le défendeur oppose l'incompétence, la cause étant déjà pendante devant une autre juridiction qui serait seule compétente pour connaître du litige. — **Le renvoi litispend**

Le défendeur oppose l'incompétence à raison de la nationalité des parties. — **Le renvoi extran.**

Le défendeur demande au Tribunal de surseoir à statuer jusqu'à ce qu'un autre litige connexe, pendant devant un autre Tribunal, entre les mêmes parties, ait reçu la solution qu'il comporte. — **Le sursis litispend.**

Le défendeur, tout en opposant le renvoi ou le sursis, peut néanmoins conclure au fond subsidiairement, pour le cas où le Tribunal repousserait l'exception. Si la mention de renvoi ou de sursis est suivie de deux traits = cela veut dire que le défendeur n'a pas conclu au fond. Le jugement est alors contradictoire sur l'exception et de ce chef susceptible d'appel, et sur le fond c'est un jugement par défaut faute de conclure auquel il peut être fait opposition dans la huitaine de la signification seulement. — **Le renvoi ou le sursis.**

Dans les litiges qui concernent les faillites ou les liquidations judiciaires, le Tribunal n'ordonne qu'il en sera délibéré qu'après avoir entendu le Juge Commissaire qui sera chargé du rapport, ce que constate sur l'exploit la mention : Ouï (*Ouï M. le Juge Commissaire*), ordonne qu'il en sera délibéré. — **Ouï 2° en dél.**
La même mention précède tous les dispositifs de jugements en matière de faillite ou liquidation judiciaire.

Non recevable. — **N. R.**
Mal fondé. — **Mal fondé.**
Défenses sommaires qui permettent à la partie de développer au cours de sa plaidoirie, soit à la barre, soit dans le cabinet du Juge Rapporteur, tous moyens de défense au fond, qu'elle opposera à la demande.

Conclusions motivées et écrites qui sont jointes à l'exploit. — **Concl. motivées.**

Lorsqu'une affaire revient devant le Tribunal sur opposition à un jugement par défaut, le demandeur devient défendeur à l'opposition et il oppose — **Fondé**
Repl. persiste.

qu'il est fondé en jugement; l'opposant réplique qu'il persiste dans les conclusions de son opposition.

Nullité de la procédure.

Le défendeur, avant tout autre moyen de défense, oppose la nullité de la procédure, soit parce qu'il soutient n'avoir pas été touché par l'assignation, que le demandeur n'aurait pas observé les délais prescrits, ou tout autre motif.

Si le Juge Rapporteur reconnaît que ce moyen est en effet fondé, il proposera au Tribunal de déclarer que la procédure est nulle et de renvoyer le demandeur à mieux procéder.

Le sursis attendu la plainte.

Le défendeur expose qu'il a saisi le parquet d'une plainte contre le demandeur, pour faits connexes à ceux de l'instance, et il demande au Tribunal de surseoir à statuer jusqu'à ce que la juridiction compétente ait elle-même statué sur sa plainte.

Le Juge Rapporteur doit exiger la preuve non seulement du dépôt de la plainte, mais de la suite qui lui a été donnée.

Délai pour délibérer délai pour faire inventaire.

Dans le cas où les défendeurs sont assignés comme ayants droit et tenus aux obligations d'une personne décédée, soit sa veuve ou ses héritiers, ces défendeurs ne sont tenus de répondre au fond à l'assignation dont ils sont l'objet et de discuter l'obligation qu'après avoir accepté leur qualité d'héritiers ou ayants droit. La loi leur accorde un délai de quarante jours pour délibérer,

Et de trois mois pour faire inventaire,

Délai après lequel ils sont tenus de prendre qualité.

Dénéga ion de sign.

Le défendeur dénie la signature qui lui est attribuée sur le titre, objet de l'instance contre lui introduite. Le Tribunal lui donne acte de sa dénégation et surseoit à statuer jusqu'à ce que les Juges civils, seuls compétents, aient vérifié la signature apposée sur le titre.

La nullité du titre.

Le défendeur oppose la nullité du titre, soit pour défaut de cause, soit pour cause illicite, soit encore parce qu'il n'avait pas capacité pour s'obliger. Tel est le cas de la femme mariée qui a contracté une obligation sans autorisation maritale, du mineur et du prodigue, sans l'assistance de son tuteur ou de son conseil.

Le défaut de dilig.

En matière d'effets, le défendeur, s'il n'est pas souscripteur ou accepteur peut opposer le défaut de diligence si le protêt n'a pas été fait à bonne date, ou si la signification n'en a pas été faite dans les délais prescrits. Le tireur ne peut opposer le défaut de diligence, qu'en établissant qu'il y avait provision à l'échéance.

Communication de pièces.

Le défendeur oppose que le demandeur ne lui a pas communiqué les pièces qui doivent établir le bien-fondé de la demande introduite, et il se refuse à produire ses conclusions au fond jusqu'à ce que cette communication lui ait été faite.

Le demandeur originaire qui devient défendeur à l'opposition formée au jugement par défaut qu'il a obtenu, oppose la tardivité et par suite la non recevabilité de l'opposition, soit parce que cette opposition a été formée après les délais légaux, soit parce que le jugement aura été exécuté ou doit être réputé tel.

Tardivité de l'opposition.

Fin de non recevoir opposée dans le cas où la demande en report est introduite après l'expiration du délai pour la vérification et l'affirmation des créances.

Tardivité à une demande en report de faillite.

Demande introduite par les soi-disant représentants d'une société qui n'est pas encore constituée, ou qui a été déclarée nulle, ou qui est dissoute.

Non-recevabilité faute d'existence légale du demandeur.

Le défendeur oppose que le demandeur n'a pas qualité pour introduire la demande qui fait l'objet de son assignation.

Non-recevabilité faute de qualité.

Le défendeur oppose qu'il n'existe aucun lien de droit entre lui et le demandeur, et que, par suite, il n'a pas à répondre à l'action dont il est l'objet.

Non-recevabilité faute de lieu de droit.

Le défendeur oppose que son obligation est nulle, soit : parce que sa bonne foi aurait été surprise; qu'il y aurait erreur sur la cause; qu'il y aurait eu fraude, violence ou dol.

Nullité de l'obligation à raison du vice de consentement.

Le défendeur oppose les prescriptions de l'article 1128 du Code civil :

Article 1129;
Article 1131;
Article 1131;
Article 1133.

Nullité de l'engag. en raison de ce que l'objet serait hors du commerce.

Ou cause incertaine.
Ou absence de cause.
Ou fausse cause.
Ou cause illicite.

Le défendeur oppose l'extinction de l'obligation pour l'une des causes suivantes :
Payement, art. 1235 et 1236 du Code civil;
Novation, art. 1271 et suivants;
Remise de dettes, art. 1282 et suivants;
Compensation, art. 1289 et suivants;
Confusion, art. 1300 et 1301;
Perte de la chose, art. 1302 et 1303;
Rescision, art. 1304;
Résolution, art. 1183 et 1184;
Prescription, art. 2219 et suivants.

Extinction de l'obligation.

L'autorité de la chose jugée n'a lieu qu'à l'égard de ce qui fait l'objet du jugement. Il faut que la chose demandée soit la même, que la demande soit fondée sur la même cause, que la cause existe entre les mêmes parties, et que la demande soit formée par elles et contre elles en la même qualité.

Fin de non-recevoir tirée de la chose jugée.

Cette défense est opposée en matière d'opérations de bourse, lorsque le défendeur soutient que la dette dont on lui demande le payement résulte

Fin de non-recevoir en raison des prescriptions de l'article 76.

2

d'opérations faites sans ministère d'agent de change, dans les cas où cette intervention est prescrite par la loi.

Fin de non-recevoir en matière de contrat de transport.

Le défendeur oppose les dispositions des articles 1o3 à 1o5 du Code de commerce.

Fin de non-recevoir en matière de transp. maritimes.

Le défendeur invoque l'une des dispositions des articles 435 et 436 du Code de commerce.

Défaut-congé.

Le demandeur ne se présentant pas, ni personne pour lui, pour soutenir les conclusions de son assignation, le Tribunal donne défaut contre lui et renvoie le défendeur des fins de la poursuite dont il est l'objet.

Défaut-profit-joint.

Dans le cas où plusieurs défendeurs ont été assignés, si les uns comparaissent et que d'autres soient défaillants, le Tribunal ordonne que ces derniers seront réassignés à date fixée, pour qu'il soit statué définitivement, à la dite date, à l'égard de toutes les parties en cause. Le jugement de défaut-profit joint n'est pas susceptible d'opposition.

Moyens d'exception. Moyens de fond. Dispositions distinctes.

Toutes les fois que la défense comportera à la fois un déclinatoire et un moyen de fond, le Juge Rapporteur devra toujours proposer de statuer par deux dispositions distinctes.

Sauf le cas d'incompétence matière, qui doit être relevée même d'office, tous autres déclinatoires doivent être opposés avant toute défense au fond.

Le défendeur qui a pris des conclusions au fond ne peut plus fuir le débat, et s'il se refuse à discuter la demande au fond au moment où il y est invité, le jugement rendu sera considéré comme contradictoire.

Même dans le cas où, en raison du chiffre du litige, le jugement serait rendu en dernier ressort, les dispositions sur la compétence peuvent toujours être attaquées par la voie d'appel.

JUGES COMMISSAIRES

Le jugement déclaratif d'une faillite ou liquidation judiciaire désigne l'un des membres du Tribunal pour exercer les fonctions de Juge Commissaire.

Le Juge Commissaire préside les audiences de faillites ou liquidations judiciaires;

Il surveille les opérations de la faillite ou de la liquidation;

Il doit veiller à ce que les prescriptions de la loi soient rigoureusement observées;

Il doit, par son intervention permanente, contribuer à accélérer la marche des opérations.

Le Juge Commissaire doit toujours se tenir en rapport avec le syndic ou le liquidateur, qui ne peuvent prendre aucune mesure importante sans son autorisation. Il doit, en dehors des cas urgents ou imprévus, conférer avec eux au moins une fois par semaine sur les affaires dont ils sont chargés.

Le Juge Commissaire signe les ordonnances qui lui sont présentées, après en avoir examiné avec soin l'objet et la portée. Ces ordonnances présentées à la signature du Juge Commissaire par le syndic ou le liquidateur judiciaire sont destinées à autoriser ceux-ci à agir dans l'intérêt du failli, du liquidé ou de la masse, toutes les fois que les pouvoirs conférés au mandataire de justice ne sont pas suffisants : dispense de scellés, achat de marchandises pour l'exploitation du fonds de commerce, vente de ce fonds, transaction ne nécessitant pas l'homologation du Tribunal, tous actes d'aliénation ou de réalisation de biens mobiliers, mise en vente de biens immobiliers, etc., etc.

Le Juge Commissaire ne doit signer aucune ordonnance, sans au préalable s'être fait remettre par le syndic ou le liquidateur un bulletin sur lequel l'objet de l'ordonnance est succinctement indiqué. Ce bulletin sera classé par le Juge Commissaire dans le dossier de la faillite ou de la liquidation auquel il appartient.

Si à quelque époque que ce soit des opérations de la faillite, mais avant l'homologation du concordat ou la formation de l'union, il y a insuffisance d'actif pour suivre les opérations, le Tribunal prononce, sur le rapport du Juge Commissaire, la clôture provisoire des opérations de la faillite. Mais, avant de signer ce rapport et de le présenter au Tribunal, il appartient au Juge Commissaire de s'assurer que les opérations ne peuvent être suivies, et si cette situation se présente au début de la faillite, il exigera toujours préalablement du syndic le dépôt de son rapport, conformément à l'article 482 du Code de commerce.

<table><tr><td>Rapport au Juge Commissaire article 482.</td><td>

En tout état de cause, ce rapport doit être, par le syndic ou le liquidateur judiciaire, remis en double exemplaire au Juge Commissaire dans le mois du jugement déclaratif (la loi prescrit ce dépôt dans la quinzaine).

L'un des exemplaires de ce rapport est conservé par le Juge Commissaire; l'autre, revêtu de ses observations et signé par lui, est adressé au Parquet par la voie de la présidence du Tribunal.</td></tr></table>

Rapport aux créanciers article 536.

Si les opérations de la faillite ou de la liquidation judiciaire se prolongent pendant plus d'une année après la déclaration de l'union ou l'homologation d'un concordat par abandon d'actif, il appartient au Juge Commissaire de faire convoquer les créanciers, au moins une fois avant l'expiration de l'année en cours, et d'inviter le syndic ou le liquidateur à leur faire un rapport sur l'état alors actuel des opérations, conformément aux prescriptions impératives de l'article 536 du Code de commerce.

Rapport du Juge Commissaire sur toutes contestations qui naissent de la faillite ou de la liquidation judiciaire.

L'article 452 du Code de commerce dispose que le Juge Commissaire fera au Tribunal un rapport sur toutes les contestations que la faillite pourra faire naître et qui seront de la compétence du Tribunal de commerce. Cette disposition est applicable à la liquidation judiciaire.

Il est, par suite, indispensable que le Juge Commissaire exige du syndic ou du liquidateur d'être constamment tenu au courant des difficultés qui peuvent se produire et des litiges qui sont portés devant le Tribunal, soit que le syndic ou le liquidateur se présente en demandant ou en défendant.

Le Juge Commissaire ne doit pas déplacer les responsabilités et substituer son action à celle du syndic ou du liquidateur, dont le mandat a pour sanction une responsabilité effective, mais il doit dans l'intérêt du failli, du liquidé ou de la masse créancière, détourner le syndic ou le liquidateur judiciaire d'actions en justice qui seraient téméraires ou inopportunes, qui n'auraient pas de justification suffisante et qui pourraient sans utilité prolonger la durée des opérations.

Rapidité des opérations.

Qu'il s'agisse d'une liquidation judiciaire ou d'une faillite, le Juge Commissaire doit toujours avoir en vue d'arriver dans le plus court délai possible au concordat ou à l'union.

Si le débiteur obtient un concordat, il sera d'autant mieux en état d'en remplir les obligations qu'il se sera écoulé un temps moins long entre la date du jugement déclaratif et l'homologation, et si c'est l'union qui est prononcée, il importe que la liquidation de l'union replace le plus tôt possible dans les mains des créanciers victimes du désastre de leur débiteur les sommes que cette liquidation devra leur procurer.

Dans le cas où la liquidation de l'union exigerait un temps assez long, le Juge Commissaire devra veiller à ce qu'il soit fait aux créanciers des distributions de dividendes successifs, au fur et à mesure que l'importance des sommes déposées à la Caisse des consignations le permettra.

Nous allons, maintenant, examiner les différentes phases de la faillite ou de la liquidation judiciaire, pour indiquer quelles seront successivement les obligations du Juge Commissaire et comment devra se produire son intervention dans les assemblées de créanciers qu'il présidera.

Au début des opérations, et dans la quinzaine de la date du jugement déclaratif, se place l'assemblée du syndicat, s'il s'agit d'une faillite, et d'ouverture de la liquidation, s'il s'agit d'une liquidation judiciaire. **Assemblée de syndicat ou d'ouverture de liquidation judiciaire.**

Les créanciers inscrits au bilan ont été convoqués par les soins du greffe, et les autres par voie de publication dans les journaux d'annonces légales.

Ces créanciers sont réunis sous la présidence du Juge Commissaire, assisté du greffier et du syndic (ou du liquidateur).

Si le liquidé est une société anonyme, cette société aura été pourvue d'un liquidateur social, qui assiste aux assemblées avec le liquidateur judiciaire.

L'audience étant ouverte, le Juge Commissaire s'adressera en ces termes aux créanciers : **Ouverture de l'audience.**

« Messieurs,

« Vous avez été convoqués, conformément aux prescriptions de la loi, « pour faire connaître vos observations sur l'état des créanciers présumés du « sieur X..., votre débiteur, qui a été, par jugement de ce Tribunal en date « du ....., déclaré en état de faillite (ou de liquidation judiciaire).

« Vous aurez à donner votre avis sur le maintien du syndic (ou du liqui-« dateur judiciaire) désigné provisoirement au jugement déclaratif. »

S'il s'agit d'une liquidation judiciaire, le Juge Commissaire ajoutera :

« Vous allez prendre connaissance de l'état de situation qui va vous être « communiqué par votre débiteur. »

Si les créanciers font des observations sur la nomination du syndic ou du liquidateur, le Juge Commissaire appréciera si ces observations seront ou non insérées au procès-verbal; s'il n'y a pas d'observations, le Juge Commissaire signera un avis écrit à soumettre au Tribunal avec le procès-verbal de l'assemblée afin de déclarer le syndic ou le liquidateur maintenu dans ses fonctions. **Avis des créanciers sur le maintien du syndic ou du liquidateur judiciaire.**

Le Juge Commissaire s'adressera de nouveau aux créanciers :

« La loi vous autorise, Messieurs, à choisir parmi vous un ou deux con-« trôleurs qui seront chargés de suivre et surveiller les opérations; vous pou-« vez dès aujourd'hui procéder à cette nomination ou l'ajourner à toute pé-« riode de la faillite (ou de la liquidation judiciaire). **Nomination des contrôleurs.**

« Etes-vous d'avis de procéder aujourd'hui à cette nomination ?

« Quel est le nom des créanciers que vous proposez pour les fonctions de « contrôleurs ?

« Les créanciers proposés sont-ils présents et acceptent-ils cette fonction ? »

Le vote a lieu, à la majorité des créanciers présents, sans avoir égard au chiffre de leur créance. La loi autorisant la nomination des contrôleurs à la première assemblée, et alors qu'il n'y a que des créanciers présumés, dont quelques-uns seront peut-être, par la suite, contestés, ne saurait prescrire une majorité en somme fournie par des créances susceptibles d'être modifiées lors de la vérification qui en sera faite ultérieurement.

Les contrôleurs ne peuvent être choisis que parmi les créanciers : la mission de contrôle et de surveillance qui leur est dévolue est donnée à la personne et ne peut être remplie par un mandataire.

Lors du vote sur leur nomination, les créanciers nommés contrôleurs doivent être présents ou représentés par mandataire muni d'un pouvoir spécial, et leur acceptation consignée au procès-verbal de l'audience.

En cas d'absence, le vote doit être ajourné.

Rapport au Juge Commissaire Article 482.   Lorsque le Juge Commissaire aura reçu du syndic, ou du liquidateur judiciaire, le rapport dressé conformément aux prescriptions de l'article 482 du Code de commerce, il examinera avec soin les causes de la faillite ou de la liquidation judiciaire, les agissements du débiteur antérieurement au jugement déclaratif, et, s'il s'agit d'une faillite, les circonstances qui seraient de nature à provoquer une instruction en banqueroute simple ou frauduleuse.

Si cet examen ne fait ressortir aucun fait grave à la charge du débiteur, ou si les motifs de banqueroute simple, qui pourraient être relevés sont facultatifs, le Juge Commissaire se bornera à inscrire à la fin du rapport la mention suivante :

Envoi du rapport au Parquet sur les observations du Juge Commissaire.   « Nous, Juge Commissaire de la faillite (ou de la liquidation judiciaire) « du sieur X..., avons l'honneur de transmettre à Monsieur le Procureur de « la République le présent rapport, auquel nous n'avons rien à ajouter, quant « à présent. »

      Date.....

        Signature.

Si, au contraire, le Juge Commissaire est d'avis de provoquer une instruction du parquet, il inscrira à la fin du rapport la mention suivante :

« Nous, Juge Commissaire de la faillite (ou de la liquidation judiciaire) « du sieur X..., avons l'honneur de transmettre à Monsieur le Procureur de la « République le présent rapport, sur lequel nous croyons devoir appeler toute « son attention. »

      Date.....

        Signature.

L'exemplaire du rapport destiné au parquet est, par le Juge Commissaire, en tout cas, adressé à la présidence du Tribunal.

Secours au failli ou au liquidé pendant la durée des opérations.   Pendant la période de liquidation judiciaire, le liquidé n'est pas dessaisi de l'administration de ses biens, et le Juge Commissaire peut autoriser le liquidateur judiciaire à permettre au liquidé de prélever sur la recette journalière la somme jugée nécessaire pour pourvoir à ses besoins et à ceux de sa famille.

Dans l'état de faillite, le failli est dessaisi, et ne saurait faire lui-même aucun prélèvement.

Il appartient au Juge Commissaire de statuer, par voie d'ordonnances, sur les demandes de secours qui sont présentées au syndic par le failli et transmises au Juge Commissaire. Dans la fixation de ce secours, le Juge Com-

missaire aura égard, à la fois, à la situation du failli èt de sa famille et aux
ressources de la faillite. S'inspirant d'une pensée d'humanité sanctionnée par
la loi, le Juge Commissaire devra concilier la bienveillance méritée par le
failli avec le soin des intérêts des créanciers.

Audiences de vérifi
cation et d'affir-
mation des créan-
ces.

L'audience étant ouverte, le Juge Commissaire s'adresse en ces termes aux
créanciers :

« Vous avez été convoqués, Messieurs, pour procéder à la vérification et
« à l'affirmation de vos créances, dans la faillite (ou la liquidation judi-
« ciaire) du sieur X..., votre débiteur.

« Veuillez répondre à l'appel de vos noms et vous approcher pour signer
« le procès-verbal d'affirmation. »

Lorsque le créancier a signé le procès-verbal, il se présente devant le Juge
Commissaire, auquel le greffier a passé le dossier de la créance. Le Juge Commissaire appose son visa sur la production, et ensuite interpelle le créancier
en ces termes :

« Vous déclarez affirmer la sincérité de votre créance pour la somme
« de .....? »

Le créancier répond, en levant la main droite : « Je l'affirme! »

Si la créance est contestée, soit par le failli ou le liquidé, soit par le syndic ou le liquidateur, soit encore par un créancier présent, le Juge Commissaire pourra, sans qu'il soit besoin de citation, renvoyer à bref délai devant
le Tribunal, qui jugera sur son rapport, et mention de ce renvoi, à la prochaine audience où siégera le Juge Commissaire, sera faite au procès-verbal
de l'audience de vérification. C'est là ce que prescrit l'art. 498 du Code de
commerce.

Dans la pratique, le procès-verbal de l'assemblée mentionne la contesta-
tion et renvoie la partie à se pourvoir, c'est-à-dire que le créancier contesté
est invité à assigner en admission.

En matière de faillite, le nombre des audiences d'affirmation n'est pas
limité par la loi, et il appartient au Juge Commissaire de fixer la clôture du
procès-verbal lorsque les assemblées ont eu lieu en nombre suffisant pour
permettre aux créanciers qui ne se sont pas volontairement abstenus, d'affirmer leurs créances. Ce nombre est de trois, au moins, mais peut être supé-
rieur, même avant la convocation pour le concordat.

En matière de liquidation judiciaire, la loi prescrit que la clôture du
procès-verbal de vérification et d'affirmation des créances aura lieu après la
seconde assemblée, et que les créanciers seront convoqués à quinzaine pour
l'assemblée du concordat.

Cependant, s'il y a des valeurs en circulation qui ne sont pas échues, le
Juge Commissaire peut, à la demande du liquidateur, surseoir à la clôture
du procès-verbal de vérification des créances en vue de convoquer, en temps
opportun, une troisième réunion où cette clôture pourra être prononcée.

Il appartiendra alors au Juge Commissaire de faire convoquer les créanciers pour l'assemblée du concordat en observant les dispositions de l'art. 14
de la loi du 4 mars 1889, 3° § qui donne au Tribunal la faculté, en cas de con-
testation de créances, d'augmenter le délai de quinze jours prévu pour ladite
assemblée.

Celle-ci étant ouverte, le Juge Commissaire s'adresse en ces termes aux créanciers :

« Messieurs,

« Vous avez été convoqués, conformément à la loi, pour entendre le rap« port du syndic (ou du liquidateur judiciaire) dans la faillite (ou la liqui« dation judiciaire) du sieur X..., votre débiteur.

« Vous aurez ensuite à délibérer sur les propositions de concordat qui « pourront vous être faites par le failli (ou le liquidé). »

Le Juge Commissaire donne alors la parole au syndic (ou au liquidateur) pour la lecture de son rapport.

Ce rapport rappelle les antécédents du débiteur, les causes de la faillite ou de la liquidation. Il explique les opérations qui ont eu lieu depuis le jugement déclaratif, l'état actuel de la situation, et il se termine par l'indication du résultat probable de la liquidation de l'union s'il n'y avait pas de propositions de concordat, ou si ces propositions étaient repoussées.

Après la lecture du rapport, le Juge Commissaire demande aux créanciers s'ils n'ont pas d'observations à présenter ou quelque éclaircissement à demander au syndic (ou au liquidateur).

S'il est présenté un projet de concordat, le Juge Commissaire donne alors la parole au failli (ou au liquidé) pour faire connaître ses propositions.

Lorsque cette communication a été faite, le Juge Commissaire s'adresse de nouveau aux créanciers :

« Vous savez, Messieurs, par les conclusions du rapport qui vient de vous « être fait que, en cas d'union, la liquidation de l'actif du sieur X..., vous « procurera une répartition probable de ..... p. 100, sauf imprévu.

« D'un autre côté, vous avez entendu les propositions de votre débiteur, « qui se résument ainsi :

(Rappeler les propositions de concordat.)

« Veuillez répondre, à l'appel de vos noms, par oui ou par non, si vous « acceptez ou si vous refusez ces propositions. »

L'appel est fait par le greffier, qui inscrit le résultat du vote. Pendant la durée du vote, il ne doit être fait aucune observation par les créanciers, qui ne sont point autorisés à motiver leur vote et ne peuvent faire connaître leur décision que par oui ou par non. Si, après la communication des propositions de concordat, la majorité en nombre des créanciers présents demandait une suspension d'audience, le Juge Commissaire pourrait accorder cette suspension, qui devrait être de courte durée, et il serait ensuite procédé immédiatement au vote sur le concordat.

S'il y a dans l'assemblée des créanciers hypothécaires inscrits, nantis de gage ou privilégiés, le Juge Commissaire doit, au fur et à mesure que leurs noms lui sont signalés par le greffier, avertir ces créanciers qu'ils ne peuvent prendre part à la délibération du concordat qu'en renonçant à leur privilège, et que leur vote entraînerait de plein droit cette renonciation.

Lorsque l'appel est terminé, le greffier fait le dépouillement du vote et en communique le résultat au Juge Commissaire.

Si les deux majorités, en nombre et en somme, ont été obtenues en faveur du concordat, le Juge Commissaire, après avoir communiqué ce résultat aux créanciers, les invite à venir le signer séance tenánte, et il les prévient que le concordat sera soumis à l'homologation du Tribunal après l'expiration des délais d'opposition.

Obtention des deux majorités en faveur du concordat.

Si une seule des deux majorités prescrites par la loi est obtenue, le Juge Commissaire ajournera les créanciers à huitaine pour une seconde délibération.

Obtention d'une seule majorité.

S'il n'a pas été fait de propositions de concordat, ou si ces propositions n'ont réuni ni l'une ni l'autre des deux majorités prescrites par la loi, le Juge Commissaire déclare les créanciers en état d'union.

L'état d'union est encore prononcé si, après une seconde délibération, le concordat ne réunissait de nouveau que l'une des deux majorités.

Absence de proposition de concordat ou rejet de ces propositions. Union des créanciers.

L'état d'union étant proclamé, le Juge Commissaire consulte les créanciers sur le maintien du syndic ou du liquidateur judiciaire qui sera chargé de la liquidation de l'union ainsi que sur le maintien des contrôleurs s'il y en a.

En cas de concordat par abandon d'actif, les créanciers donnent également leur avis sur le maintien du syndic ou du liquidateur judiciaire ainsi que sur le maintien des contrôleurs s'il y en a.

Maintien du syndic ou du liquidateur judiciaire.

Si l'actif comprend un fonds de commerce, ce fonds sera vendu, ou ce qu'il contient sera réalisé avec les autres éléments d'actif.

Si, pendant la durée des opérations, ce fonds a été exploité avec l'autorisation du Juge Commissaire, et qu'il apparaisse que dans l'intérêt de la masse cette exploitation doive être continuée pendant un certain temps après la proclamation de l'union, elle ne pourra l'être qu'après la décision des créanciers. Le Juge Commissaire devra donc, avant que l'assemblée ne se sépare, consulter les créanciers sur la continuation de l'exploitation du fonds de commerce aux risques et périls de la masse. L'approbation des créanciers devra, pour être valable, réunir la majorité en nombre et les trois quarts en sommes du passif affirmé ou admis par provision. (Art. 532 du Code de commerce.)

Vente du fonds de commerce ou continuation provisoire de l'exploitation.

Après la proclamation de l'union, le Juge Commissaire consultera les créanciers sur l'opportunité d'accorder un secours au failli, qui, par l'effet de l'union, sera privé de toutes ressources.

Les créanciers répondent, à l'appel de leur nom, par oui ou par non, et ne donnent qu'un avis, dont le Juge Commissaire fait état si la majorité en nombre de créanciers présents ou représentés se sont montrés favorables. Il rendra son ordonnance, selon ce que lui dicte sa conscience, en tenant compte de la situation du failli et de l'importance des secours déjà accordés au cours des opérations.

Secours au failli après la proclamation de l'Union.

Dans le cas où une liquidation judiciaire serait terminée par l'union des créanciers, il appartiendra au Juge Commissaire d'apprécier les circonstances qui ont accompagné la déclaration de liquidation, et de proposer au Tribunal

Maintien de l'état de liquidation judiciaire après union.

soit de maintenir l'état de liquidation judiciaire après union, soit de convertir la liquidation en faillite.

Conversion de la liquidation judiciaire en faillite.

Le Juge Commissaire devra toujours proposer au Tribunal la conversion de la liquidation judiciaire en faillite, lorsqu'il lui est démontré que le débiteur a, dans les dix jours qui ont précédé la cessation de ses payements, consenti à l'un de ses créanciers et au préjudice de la masse soit une obligation hypothécaire, soit un nantissement, soit un payement anticipé, soit un transport;

Si des fraudes ou des dissimulations ont été constatées par le liquidateur, dans les écritures ou dans l'établissement du bilan;

Si le débiteur est condamné pour banqueroute simple ou frauduleuse.

Dans le cas où le Juge Commissaire proposerait au Tribunal d'annuler le concordat ou de le résoudre, il devrait en même temps proposer la conversion de la liquidation judiciaire en faillite.

Rapport du Juge Commissaire sur l'homologation du concordat.

Si le concordat a été voté par les créanciers et s'il n'est pas fait opposition à l'homologation dans le délai prescrit, le Juge Commissaire fait au Tribunal son rapport sur l'homologation, et il propose que ce concordat soit ou non homologué, selon l'appréciation qu'il aura faite des circonstances qui intéressent la personne du failli (ou du liquidé), l'intérêt public et l'intérêt des créanciers.

Si la dation du concordat est liée à une clause suspensive, le Juge Commissaire attendra pour proposer l'homologation que l'éventualité prévue se soit réalisée.

Rapport du Juge Commissaire sur l'excusabilité.

L'homologation du concordat emporte en soi l'excusabilité pour le failli ou le liquidé, mais en cas d'union le Juge Commissaire aura à proposer au Tribunal de déclarer le débiteur excusable ou non excusable, selon la situation du failli ou du liquidé et les conditions dans lesquelles se sera produite sa déconfiture.

Sursis à la délibération du concordat, en cas d'instruction ouverte au Parquet.

Dans le cas où, les créanciers étant convoqués pour la délibération sur le concordat, il est révélé au Juge Commissaire qu'une instruction est ouverte contre le failli, ou le liquidé, il y a lieu de surseoir à la délibération si l'instruction a pour objet la banqueroute frauduleuse.

La banqueroute frauduleuse entraînerait la conversion immédiate de la liquidation judiciaire en faillite, et, faisant obstacle au concordat, elle rendrait inutile toute délibération de ce chef.

L'instruction en banqueroute simple n'est pas un empêchement à la délibération sur le concordat, mais le Juge Commissaire doit consulter les créanciers, qui décident s'ils entendent ou non surseoir à cette délibération jusqu'à ce que l'instruction soit terminée. Le sursis ne peut être accordé que s'il obtient le consentement des créanciers par un vote réunissant la majorité en nombre et en somme. Si ni l'une ni l'autre des deux majorités n'est obtenue, le Juge Commissaire ordonne qu'il sera passé outre à la délibération.

Si l'une des deux majorités seulement est obtenue, le Juge Commissaire ajournera les créanciers à huitaine pour une seconde délibération sur le sursis.

Si le sursis est repoussé et si les propositions de concordat sont acceptées, le Juge Commissaire pourra attendre le résultat de l'instruction ouverte pour déposer son rapport sur l'homologation.

L'état de banqueroute simple ne serait pas un obstacle à l'homologation, mais le Juge Commissaire pourra puiser dans les faits révélés par l'instruction du parquet des motifs de proposer ou non l'homologation.

La liquidation de l'union étant terminée, comme après liquidation de l'actif par abandon, le Juge Commissaire fera convoquer les créanciers pour entendre le rapport du syndic ou du liquidateur, approuver ses comptes et lui donner décharge de ses fonctions. *(Reddition de compte du syndic ou liquidateur judiciaire.)*

L'audience étant ouverte, le Juge Commissaire donnera la parole au syndic ou au liquidateur pour la lecture de son rapport.

Cette lecture terminée, le Juge Commissaire donnera connaissance aux créanciers du montant de l'indemnité qu'il a taxée pour honoraires du syndic ou du liquidateur, et demandera aux créanciers s'ils ont des observations à faire ou des éclaircissements à demander. Selon la nature des observations qui pourront être faites, il décidera s'il y a lieu, ou non, d'en faire mention au procès-verbal de l'audience.

C'est à ce moment, et avant que les créanciers ne se séparent, que le Juge Commissaire les consultera sur l'excusabilité.

A cet égard, les créanciers ne donnent qu'un avis et il n'y a pas lieu à recensement des deux majorités en nombre et en somme. Le procès-verbal indique seulement que sur telle quantité de créanciers présents, tel nombre s'est prononcé pour l'excusabilité.

Au cours d'une faillite ou d'une liquidation judiciaire, il peut arriver, soit à l'occasion de la cession du fonds de commerce, ou de la réalisation de certaines créances, soit au sujet d'une transaction importante, soit pour tout autre motif concernant les intérêts de la masse, que le Juge Commissaire, avant de signer l'ordonnance qui lui est présentée ou avant de soumettre au Tribunal l'homologation de la transaction, décide qu'il convient de consulter les créanciers sur l'opportunité de la décision dont s'agit. *(Assemblée de créanciers pour examiner une proposition du syndic, ou du liquidateur judiciaire.)*

Les créanciers étant réunis, le Juge Commissaire donne la parole au syndic, ou au liquidateur, pour la lecture de la proposition qui leur est soumise, et, cette lecture faite, il résume l'objet de cette proposition, les motifs qui l'ont fait naître et les conséquences que pourra avoir son exécution, dans l'intérêt de la masse.

Il fait connaître aux créanciers si les contrôleurs approuvent ou non la proposition, et il invite les créanciers à produire leurs observations.

Le Juge Commissaire fait ensuite procéder par le greffier à l'appel nominal, et les créanciers répondent par « oui » ou par « non » pour faire connaître s'ils acceptent ou repoussent la proposition.

Les créanciers ne donnent qu'un avis, et il n'y a pas lieu dès lors à la nécessité des deux majorités. Le Juge Commissaire fera état de la décision des créanciers, selon qu'il trouvera que cette décision est, ou non, conforme aux véritables intérêts de la masse; et dans le rapport qu'il adressera au Tribunal ou dans la rédaction de l'ordonnance qu'il signera, il lui appartiendra de préciser les motifs d'une résolution qui serait prise contre l'avis des créanciers.

Assemblée des créanciers tenue en raison des prescript. de l'art. 436 du C. de comm.

Après la constitution de l'union et si la liquidation nécessite un long délai, soit en raison de procès en cours, soit pour des motifs tirés de la difficulté de la réalisation de l'actif, les créanciers auront été convoqués avant l'expiration d'une année, après la date de l'union, conformément aux prescriptions de l'article 436 du Code de commerce.

L'audience étant ouverte, le Juge Commissaire donne la parole au syndic, ou au liquidateur, pour la lecture de son rapport sur l'état de la liquidation de l'union et les circonstances qui en retardent la terminaison.

Cette lecture terminée, le Juge Commissaire invite les créanciers à produire leurs observations, et il les consulte sur le maintien du syndic ou du liquidateur judiciaire.

Taxation par le Juge Commissaire des honoraires du syndic ou du liquidateur.

Dans la dernière assemblée, le syndic ou le liquidateur donne connaissance aux créanciers de l'état de leurs frais et du montant de leur indemnité, qui a été taxée par le Juge Commissaire. Dans les affaires ordinaires où le montant de cette indemnité taxée d'après un tarif établi se trouve être inférieur à 10 000 francs, le Juge Commissaire exige le visa préalable de la Compagnie de liquidateurs syndics.

Pour la fixation de cette indemnité dans celles qui peuvent donner lieu à une taxe de 10 000 francs et au-dessus le Juge Commissaire doit avoir égard non seulement à l'importance de la somme recouvrée, mais encore aux conditions dans lesquelles ce recouvrement aura été opéré. S'il n'a été pour le syndic ou le liquidateur qu'un simple encaissement, ou s'il a nécessité de leur part des soins et des travaux plus ou moins considérables. La taxe d'indemnité doit tenir compte, à la fois, du résultat obtenu, de la vigilance et de l'habileté du mandataire de justice dans la sauvegarde des intérêts qui lui étaient confiés.

C'est une appréciation très délicate, et, le Juge Commissaire devra, avant de fixer un chiffre définitif, prendre l'avis de Monsieur le Président du Tribunal.

Les liquidateurs ou syndics doivent remettre leurs demandes de taxe d'indemnité, avec pièces à l'appui, au Juge Commissaire au moins quinze jours avant l'assemblée où cette taxe sera portée à la connaissance des créanciers.

Il convient donc que, dès le premier jour, il prépare un tableau répertoire, toujours tenu au courant, dans lequel seront inscrites les mentions des opérations au fur et à mesure qu'elles seront accomplies.

Par un seul coup d'œil, jeté de temps en temps sur ce répertoire, le Juge Commissaire saura exactement quel est l'état d'avancement des faillites et des liquidations placées sous sa surveillance, et ce sera en toute connaissance de cause qu'il interpellera les mandataires de justice sur les causes des retards au sujet desquels il provoquera leurs explications.

Faillite ou liquidation judiciaire de société anonyme. Liquidateur social.

Lorsqu'une société en nom collectif a d'abord été pourvue d'un liquidateur amiable avant d'être déclarée en état de liquidation judiciaire ou de faillite, le liquidateur amiable peut suivre les opérations et assister aux assemblées en qualité de fondé de pouvoir des associés.

S'il s'agit d'une société anonyme, la faillite a fait cesser les pouvoirs du conseil d'administration, qui les a résignés en déposant le bilan pour obtenir pour la société le bénéfice de la liquidation judiciaire.

Le Tribunal désigne alors un liquidateur social, qui représentera l'être moral en liquidation ou en faillite, en même temps qu'il désignera un syndic ou un liquidateur judiciaire comme mandataire de justice.

Il appartient au Juge Commissaire de maintenir les deux liquidateurs dans la limite de leurs fonctions respectives et d'empêcher tout conflit d'attribution et de responsabilité.

Ces attributions sont déterminées par la situation même du débiteur que représente le liquidateur social, selon que ce débiteur est en état de faillite ou de liquidation judiciaire.

Dans l'état de faillite, le débiteur est dessaisi de l'administration de ses biens, il devient un incapable et le syndic représente à la fois le failli et la masse créancière.

Dans la liquidation judiciaire, le liquidé conserve l'administration de ses biens, mais sous la surveillance du liquidateur, avec l'assistance duquel il procède au recouvrement de ses créances, gère son fonds de commerce et fait tous actes conservatoires. Ce n'est qu'à son refus et avec l'autorisation du Juge Commissaire que le liquidateur judiciaire procédera seul.

Toute action judiciaire est à la fois intentée ou suivie par le liquidateur judiciaire et le liquidé, qui doivent l'un et l'autre être mis en cause, tandis que le failli est toujours suffisamment représenté par son syndic. Ce n'est qu'après la reddition des comptes du syndic que le liquidateur social d'une société en faillite continue activement sa mission.

FORMULES DE JUGEMENTS DE FAILLITES

Formule de jugement de faillite par défaut

Le Tribunal,

Attendu que X... ne se présente pas, ni personne pour lui, mais statuant par défaut et d'office à son égard;

Attendu qu'il est établi que X... exerce la profession de ..... qu'il est donc commerçant;

Qu'il appert des renseignements recueillis qu'il est en état de cessation de payements;

Que la preuve en ressort notamment des poursuites exercées contre lui sans résultat, lesquelles ont abouti à un procès-verbal de carence en date du .....

Qu'il échet, en conséquence, de le déclarer en état de faillite ouverte;

P. C. M.

Par défaut et d'office,

Déclare en état de faillite ouverte :

X..., profession et domicile.

Fixe provisoirement au ...... jour de la demande, la date d'ouverture des opérations de la faillite.

Nomme M. ..... Juge Commissaire,

Et le sieur ..... syndic provisoire.

Dépens en frais de syndicat.

..... poursuites ayant abouti à une saisie, dont l'exécution a été empêchée par la revendication faite par un tiers, des objets saisis, seul actif apparent.

..... saisie, suivie de la vente judiciaire des marchandises et objets mobiliers saisis, seul actif apparent, dont le produit a été insuffisant pour désintéresser le créancier poursuivant.

..... vente du fonds de commerce, seul actif apparent, à un prix insuffisant pour éteindre le passif.

Variantes des motifs de l'état de cessation de payements.

..... vente du fonds de commerce, à un prix suffisant, mais payable à long terme, et, par suite, impossibilité de faire face au passif échu et exigible.

..... abandon du fonds de commerce par le débiteur, en fuite et actuellement sans domicile connu.

Formules de jugements de faillite contradictoires

1° Si le défendeur conteste qu'il soit commerçant et que la commercialité soit établie.

Le Tribunal,

Attendu qu'il ressort des pièces produites que X... s'est livré habituellement à des actes de commerce;

Que, contrairement à ses allégations, il est commerçant et exerce la profession de ......

Attendu qu'il est en état de cessation de payements et que la preuve en ressort de .....

(Motifs qui établissent l'état de cessation de payements.)

Qu'il échet, en conséquence, de le déclarer en état de faillite ouverte.

P. C. M.

Déclare en état de faillite ouverte :

X..., profession et domicile.

Fixe provisoirement au ..... jour de la demande, la date d'ouverture des opérations de la faillite;

Nomme M. ... Juge Commissaire;

Et le sieur ... syndic provisoire.

Dépens en frais de syndicat.

2° Si le défendeur conteste qu'il soit en état de cessation de payements et que cet état soit établi.

Le Tribunal,

Attendu que X... est commerçant;

Que s'il soutient ne pas être en état de cessation de payements, il appert au contraire des pièces produites et des renseignements recueillis que .....

(Motifs qui établissent l'état de cessation de payements.)

.....

P. C. M.

Déclare en état de faillite ouverte :

X..., profession et domicile.

Fixe provisoirement au ..... jour de la demande, la date d'ouverture des opérations de la faillite.

Nomme M. ... Juge Commissaire,

Et le sieur ... syndic provisoire.

Dépens en frais de syndicat.

Jugement qui repousse une demande en déclaration de faillite

1° Faute de preuve de commercialité.

Le Tribunal,

Attendu qu'il n'est pas établi, quant à présent, que X... soit commerçant;

Que, par suite, la demande en déclaration de faillite contre lui introduite n'est pas recevable et doit être repoussée;

P. C. M.

Déclare A... quant à présent, non recevable en sa demande, l'en déboute, et le condamne aux dépens.

2° Faute de preuve d'état de cessation de payements.

Le Tribunal,

Attendu que X... exerce la profession de ..... qu'il est donc commerçant;

Mais attendu qu'il n'est pas justifié, quant à présent, que X... soit en état de cessation de payements;

Qu'en conséquence, la demande en déclaration de faillite contre lui introduite est, quant à présent, mal fondée et ne saurait être accueillie;

P. C. M.

Déclare A... quant à présent, mal fondé en sa demande, l'en déboute, et le condamne aux dépens.

N. B. Si le défendeur ne comparaît pas, faire précéder le jugement des mots : « *Par défaut et d'office* » et faire précéder le dispositif des mots : « *D'office.* »

Jugement qui statue sur une demande en liquidation judiciaire, le Tribunal étant déjà saisi d'une demande en déclaration de faillite contre le même débiteur.

1° Si le Tribunal accueille la faillite et repousse la requête aux fins d'obtention de la liquidation judiciaire.

Le Tribunal,

Attendu que X... a déposé son bilan au greffe de ce Tribunal le ..... et formé une requête pour être admis au bénéfice de la liquidation judiciaire;

Que par exploit en date du ..... il a été assigné en déclaration de faillite;

Qu'il échet, conformément aux prescriptions de la loi du 4 mars 1889, de statuer sur le tout par un seul et même jugement;

Attendu qu'il appert des pièces produites et des renseignements recueillis que X... n'est pas dans la situation prévue par la loi pour jouir du bénéfice de la liquidation judiciaire, et que, notamment, il était, à la date du dépôt de son bilan, depuis plus de quinze jours en état de cessation de payements;

Qu'il y a lieu, par suite, de le déclarer en état de faillite ouverte.

P. C. M.

Repousse la requête aux fins de liquidation judiciaire, et déclare en état de faillite ouverte :

X..., profession et domicile.

Fixe provisoirement au ..... jour de la demande, la date d'ouverture des opérations de la faillite.

Nomme M. ... Juge Commissaire,

Et le sieur ... syndic provisoire.

Les dépens en frais de syndicat.

N. B. Si le débiteur n'a pas comparu sur l'assignation en déclaration de faillite faire précéder le dispositif des mots : « *Par défaut et d'office, en tant que de besoin.* »

2° Si le Tribunal repousse la faillite et accueille la requête en liquidation judiciaire.

Le Tribunal,

Attendu que, par exploit en date du ..... A... a assigné X... en déclaration de faillite;

Que le ..... X... a déposé son bilan au greffe de ce Tribunal et formé une requête en admission au bénéfice de la liquidation judiciaire;

Qu'il échet, conformément aux prescriptions de la loi du 4 mars 1889, de statuer sur le tout par un seul et même jugement;

Attendu qu'il n'est pas établi, quant à présent, que X... fût en état de cessation de payements, à la date de l'assignation.

Qu'il paraît être dans les conditions prévues par la loi pour être admis au bénéfice de la liquidation judiciaire.

P. C. M.

Déclare A..., quant à présent, mal fondé en sa demande, l'en déboute et le condamne aux dépens de ce chef;

Vu la requête,

Déclare en état de liquidation judiciaire :

X..., profession et domicile.

Fixe provisoirement à la date du dépôt du bilan le jour d'ouverture des opérations de la liquidation.

Nomme M. ... Juge Commissaire,

Et le sieur ... liquidateur provisoire.

Dépens, de ce chef, en frais de liquidation.

Jugement de résolution de concordat sur assignation

Le Tribunal,

Attendu qu'il appert des pièces produites et notamment d'une sommation en date du ..... laquelle est restée sans effet, que X... ne satisfait pas aux obligations du concordat qui lui a été consenti par ses créanciers le ..... et qui a été homologué par ce Tribunal le .....

Qu'en l'état, il échet de déclarer le dit concordat résolu et de replacer X... en état de faillite.

P. C. M.

Déclare résolu, pour inexécution des clauses y contenues, le concordat consenti à X... par ses créanciers, le .....

Replace X... (profession et domicile)................................... en état de faillite ouverte.

Déclare les créanciers en état d'union.

Nomme M. ... Juge Commissaire,

Et le sieur ... syndic provisoire.

Dit que les créanciers seront convoqués à quinzaine pour donner leur avis sur le maintien du syndic.

Dépens en frais de syndicat.

Si le défendeur ne se présente pas, faire précéder le jugement et le dispositif de la formule de défaut.

Avant de proposer la résolution du concordat, le Juge Rapporteur doit s'assurer qu'il n'y a pas une caution à l'exécution du concordat ; et s'il y a caution, cette caution, doit être mise en cause par le demandeur faute de quoi la demande n'est pas recevable.

N B.

Jugement refusant l'homologation et prononçant l'annulation du concordat

Le Juge Commissaire peut proposer au Tribunal de ne pas homologuer le concordat et d'en prononcer l'annulation, soit pour un motif tiré de l'ordre public, soit pour un motif dérivant de l'intérêt des créanciers.

Motifs d'ordre public :

Faillite précédente, terminée par un concordat qui n'a pas été exécuté ;

Déclaration de banqueroute frauduleuse ;

Révélation par le casier judiciaire d'une condamnation antérieure à une peine afflictive et infamante ;

Fraudes constatées dans l'établissement du bilan et inscription de créanciers fictifs ;

Obtention frauduleuse des majorités ;

Traitement particulier et avantages consentis à certains créanciers.

Motif visant l'intérêt des créanciers :

Défaut d'intérêt de l'exécution du concordat moins avantageux pour les créanciers que la liquidation de l'union, si elle eût été prononcée.

Le Tribunal,

Attendu que le sieur X... requiert de ce Tribunal l'homologation du concordat, qui lui a été consenti par ses créanciers le .....

Mais attendu qu'il appert des renseignements recueillis et du rapport de M. le Juge Commissaire que .....

(Motifs du refus d'homologation.)

P. C. M.

Ouï Monsieur le Juge Commissaire,

Dit qu'il n'y a lieu d'homologuer le concordat consenti au sieur X... par ses créanciers le .....

Annule ledit concordat.

Déclare les créanciers en état d'union et ordonne qu'ils seront convoqués à quinzaine pour donner leur avis sur le maintien du syndic.

Dépens en frais du syndicat.

Conversion d'une liquidation judiciaire en faillite

Article 19 de la loi sur la liquidation judiciaire :

La faillite d'un commerçant admis au bénéfice de la loi sur la liquidation judiciaire, *peut-être déclarée* par jugement du Tribunal de commerce, soit d'office, soit sur poursuite des créanciers :

1° S'il est reconnu que la requête à fin de liquidation judiciaire n'a pas été présentée dans les 15 jours de la cessation de payements ;

2° Si le débiteur n'obtient pas de concordat.

Le Tribunal *déclare* la faillite à toute période de la liquidation judiciaire :

1° Si depuis la cessation des payements, ou dans les dix jours qui l'ont précédée, le débiteur a consenti l'un des actes mentionnés dans les articles 446 et 449 du Code de commerce, mais dans le cas seulement où la nullité en aurait été prononcée par les tribunaux compétents, ou reconnue par les parties ;

2° Si le débiteur a dissimulé ou exagéré l'actif où le passif, omis sciemment le nom de l'un ou de plusieurs de ses créanciers, ou commis une fraude quelconque, le tout sans préjudice des poursuites du ministère public ;

3° Dans les cas d'annulation ou de résolution de concordat ;

4° Si le débiteur en état de liquidation judiciaire a été condamné pour banqueroute simple ou frauduleuse.

Les opérations de la faillite sont suivies sur les derniers errements de la procédure de liquidation.

Le Tribunal,

Attendu que X... a été, sur sa requête et par jugement de ce Tribunal en date du ..... déclaré en état de liquidation judiciaire.

Qu'il appert actuellement des pièces produites et des renseignements recueillis que, à la date du dépôt de son bilan, X... n'était pas dans les conditions prévues par la loi pour jouir du bénéfice de la loi sur la liquidation judiciaire;

Que notamment .....

(Motifs.)

Qu'il échet, par suite, de le déclarer en état de faillite.

P. C. M.

Ouï Monsieur le Juge Commissaire,

Dit que l'état de liquidation judiciaire de X..., profession et domicile, est converti en état de faillite;

Dit que les opérations commencées se continueront conformément aux prescriptions de la loi en matière de faillite.

Maintient M. ... en qualité de Juge Commissaire,

Confère au sieur ... la qualité de syndic.

Dépens en frais de syndicat.

N. B. Si le défendeur ne s'est pas présenté, faire précéder le jugement et le dispositif de la formule ordinaire de défaut.

Demande principale et demande reconventionnelle
Jugement causes jointes

Le Tribunal,

Joint les causes vu leur connexité, et, statuant sur le tout par un seul et même jugement :

Sur la demande principale :

(Examen de cette demande.)

Sur la demande reconventionnelle :

(Examen de cette demande.)

P. C. M.

(Dispositif conforme à la solution adoptée.)

Jugement statuant sur une opposition à un jugement par défaut

---

1° Si l'opposition est recevable.

Le Tribunal,

Reçoit X... opposant en la forme au jugement contre lui rendu par défaut antérieurement et statuant au fond sur le mérite de son opposition;

Attendu que .....

(Examiner les moyens respectifs des parties, au fond, et donner les motifs de la décision.)

Si l'opposition est reconnue mal fondée, le dispositif sera celui-ci :

P. C. M.

Déboute X... de son opposition au jugement du ..... et le condamne en tous les dépens.

Si l'opposition est reconnue fondée et que les prétentions du demandeur soient repoussées, le dispositif sera celui-ci :

P. C. M.

Annule le jugement du ..... et, statuant à nouveau :

Déclare A... mal fondé en sa demande, l'en déboute et le condamne en tous les dépens.

2° Si l'opposition n'est pas recevable.

Le Tribunal,

(Examiner les motifs de la non-recevabilité.)

P. C. M.

Déclare X... non recevable en son opposition, l'en déboute et le condamne aux dépens.

1re hypothèse. **Opposition à un jugement de faillite prononcé par défaut**

Annulation du jugement ;

Rapport de la déclaration de faillite.

Il peut se présenter plusieurs cas :

1° Si le débiteur justifie qu'il n'était pas commerçant ;

2° Qu'il n'était pas en état de cessation de payements ;

3° Que dans l'intervalle qui s'est écoulé entre la date de l'assignation en déclaration de faillite et la date de l'opposition, mais postérieurement au jugement déclaratif, il a désintéressé ses créanciers.

Dans ce dernier cas, le rapport de la faillite est de la part du Tribunal un acte de bienveillance, car rigoureusement le débiteur devrait employer la procédure de la réhabilitation.

Le Juge Rapporteur doit d'abord examiner si l'opposition a été formée dans les délais légaux, et, avant d'examiner le fonds, statuer sur la recevabilité.

Le Tribunal,

Attendu que l'opposition a été formée dans les délais légaux, qu'elle est recevable. .

P. C. M.

Reçoit X... opposant en la forme au jugement du ..... qui l'a déclaré en état de faillite ouverte, et, statuant au fond sur le mérite de son opposition :

Attendu que dans le jugement susvisé X... est qualifié de « représentant de fabriques », et que cette situation, si elle était exacte, lui donnerait la qualité de commerçant.

Qu'il est actuellement justifié au Tribunal que depuis plusieurs années, et antérieurement aux causes de l'assignation, X... a cessé d'être le représentant de plusieurs fabriques et n'est plus que l'agent à Paris d'une seule maison de Limoges, dont il place les produits, moyennant un salaire qui est proportionné à l'importance de ses opérations;

Que dans ces conditions il n'a pas personnellement la qualité de commerçant;

Que c'est à tort qu'il a été déclaré en faillite, et que le jugement auquel il fait opposition doit être rapporté.

P. C. M.

Ouï Monsieur le Juge Commissaire,

Annule le jugement du ..... auquel il est fait opposition.

Rapporte le dit jugement, replace X... en même et semblable état qu'avant le prononcé d'icelui.

Déclare A... non recevable en sa demande en déclaration de faillite, introduite contre X..., l'en déboute et le condamne aux dépens, qui comprendront les frais avancés par le syndic s'il en est justifié.

Opposition à un jugement déclaratif de faillite

2º hypothèse.

Le Tribunal,

Attendu que l'opposition a été formée dans les délais de la loi, qu'elle est recevable;

P. C. M.

Reçoit X... opposant, en la forme, au jugement du ..... qui l'a déclaré en état de faillite ouverte, et, statuant au fond sur le mérite de son opposition :

Attendu que la faillite a été prononcée en raison de ce fait que la vente du fonds de commerce de X..., son seul actif alors apparent, avait été effectuée à un prix insuffisant pour désintéresser ses créanciers;

Mais attendu qu'il est actuellement justifié au Tribunal que X... possède des propriétés immobilières dont la vente, dès à présent ordonnée et publiée, suffira pour éteindre son passif;

Qu'il n'est pas dès lors en état de cessation de payements;

Qu'il échet, en conséquence, de rapporter le jugement auquel il est fait opposition;

P. C. M.

Ouï Monsieur le Juge Commissaire,

Annule le jugement du ..... auquel il est fait opposition;

Rapporte le dit jugement, et replace X... en même et semblable état qu'avant le prononcé d'icelui;

Déclare A... non recevable en sa demande en déclaration de faillite, introduite contre X...;

L'en déboute, et le condamne aux dépens qui comprendront les frais avancés par le syndic s'il en est justifié.

3º hypothèse.

Opposition à jugement déclaratif de faillite

Le Tribunal,

Attendu que l'opposition a été formée dans les délais de la loi, qu'elle est recevable;

P. C. M.

Reçoit X... opposant, en la forme, au jugement qui l'a déclaré en état de faillite ouverte, sur les poursuites de A..., et, statuant au fond sur le mérite de son opposition :

Attendu qu'il est justifié qu'en cours d'instance A... a été entièrement désintéressé par X... en principal, intérêts et frais;

Que X... apporte la preuve des payements qu'il a faits des sommes dont il était débiteur à la date du jugement déclaratif;

Qu'après les publications faites par le syndic, il ne s'est pas révélé d'autres créanciers;

Qu'il n'existe aucun intérêt de masse au maintien de la faillite.

Attendu qu'en dehors des publications précitées, la déclaration de faillite n'a donné lieu à aucune opération;

Qu'en l'état, et conformément aux conclusions du syndic, il échet de rapporter le jugement précité;

Sur les dépens :

Attendu qu'en raison des circonstances de la cause, ces dépens doivent rester à la charge de X..., qui y a donné lieu;

P. C. M.

Ouï Monsieur le Juge Commissaire,

Annule le jugement du ..... auquel il est fait opposition;

Rapporte le dit jugement, replace X... en même et semblable état qu'avant le prononcé d'icelui;

Déclare A... mal fondé en sa demande en déclaration de faillite introduite contre X..., l'en déboute, et, vu les circonstances de la cause, condamne X... aux dépens, qui comprendront les frais de publication et autres avancés par le syndic.

Jugement de renvoi devant arbitre

Le Tribunal,

Attendu que, par exploit en date du ..... A... a formé contre X... une demande tendant à ..... (*indiquer l'objet de la demande*).

Mais attendu que les faits de la cause ne sont pas suffisamment éclaircis, et que notamment il y a lieu de rechercher ..... (*indiquer l'objet de l'instruction à faire par l'arbitre*);

Qu'un supplément d'instruction est nécessaire.

P. C. M.

Avant faire droit,

Ordonne que les parties se retireront devant le sieur M... que le Tribunal désigne en qualité d'arbitre-rapporteur (*ou devant le syndicat compétent*).

Droits, moyens et dépens réservés.

N. B. Dans la pratique, le Juge Rapporteur se borne souvent, dans les cas de renvoi devant arbitre, à épingler sur l'exploit une fiche avec la mention : « *Devant M. M...* », et le greffier libelle le jugement selon la formule ordinaire.

Il est souvent préférable que le Juge Rapporteur motive le renvoi devant arbitre et indique au mandataire de justice la nature précise de la mission qui lui est confiée.

Dans tous les cas où un moyen de forme ou d'exception sera soulevé par le défendeur, le Juge Rapporteur devra toujours proposer au Tribunal la solution que comportera ce moyen de défense. Le renvoi devant arbitre ne doit être ordonné que pour un supplément d'instruction sur le fond.

Jugement contenant Commission rogatoire adressée
à un Tribunal français ou étranger

1° En matière ordinaire. Il peut arriver que la solution d'un procès pendant devant le Tribunal de commerce de la Seine soit subordonnée au résultat d'une instruction ou d'une enquête à faire hors du ressort du Tribunal. Dans ce cas, le Juge Rapporteur proposera au Tribunal, avant faire droit, d'adresser une commission rogatoire aux fins qu'il indiquera à Monsieur le Président du Tribunal du lieu où cette enquête devra être faite.

Le Tribunal,

Vu l'article 1035 du Code de procédure civile,

Attendu .....

(*Motifs.*)

.....

Adresse par le présent jugement commission rogatoire à Monsieur le Président du Tribunal de .....

A l'effet de .....

Ordonne que le présent jugement sera exécuté selon sa forme et teneur et qu'une expédition en sera transmise à Monsieur le Président du Tribunal de ..... dépens réservés.

Si la Commission rogatoire est adressée à un Tribunal étranger, le dispositif du jugement devra indiquer « *que l'expédition du jugement sera transmise par la voie diplomatique* ».

**2° en matière
de faillite
(ou de liquidation
judiciaire.)**

En matière de faillite, il peut arriver que le failli possède des biens ou un établissement à l'étranger, et qu'il y ait lieu soit de réaliser ces biens, soit de liquider cet établissement, pour les fonds à en provenir être consignés au syndic qui représente la masse des créanciers.

Une requête exposant les faits doit être, par le syndic, adressée au Juge Commissaire, qui donne son avis au bas de la requête.

Cette requête transmise au Tribunal est renvoyée au rapport du Juge Commissaire, qui propose au Tribunal le Jugement suivant :

Le Tribunal,

Vu la requête qui précède,

Vu l'article 1035 du Code de procédure civile,

Ouï Monsieur le Juge Commissaire en son rapport, adresse, par le présent jugement, commission rogatoire à Monsieur le Président du Tribunal de ..... à l'effet d'obtenir que tout ce qui dépend de la faillite du sieur X..., et notamment (*indiquer les biens ou établissements à réaliser*), soit, après déduction des droits, frais et dépens liquidés par le Tribunal, consigné et remis à la masse des créanciers, représentée par le sieur ..., syndic de cette faillite, laquelle remise devra être faite à la personne de M... dûment nommé et désigné à cet effet, suivant ordonnance de Monsieur le Juge Commissaire en date du .....

Ordonne que le présent jugement sera exécuté selon sa forme et teneur et qu'une expédition en sera transmise par voie diplomatique à Monsieur le Président du Tribunal de .....

RÉSUMÉ

9 782329 086026